DATE DUE

FOLLETT

GERMAN
DICTIONARY

Written by
Evelyn Goldsmith & Amanda Earl
Illustrated by Lyn Mitchell

Translated by Susanne Fortey
Produced by Times Four Publishing Ltd

HARRAP

Contents   Inhalt

Section 1   **Thematic dictionary**
Teil 1   **Thematisches Wörterbuch**

Section 2   **Alphabetical dictionary**
Teil 2   **Alphabetisches Wörterbuch**

This book was conceived, written, edited and designed by Times Four Publishing Ltd
Art and editorial direction: Tony Potter
Editors: Dee Turner and Christine Wilson
Translator: Susanne Fortey

First published in this edition in Great Britain in 1991 by HARRAP BOOKS Ltd, Chelsea House, 26 Market Square, Bromley BR1 1NA

ISBN 0 245-60267-4

Typeset by C-Type, Horley, Surrey
Colour separation by RCS Graphics Ltd
Printed in France by Clerc S.A.

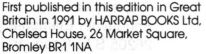

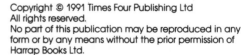

About this book

This illustrated dictionary is for all those starting to learn German. It is divided into two parts. In the first part, thirty amusing scenes present the German words in context. Small margin illustrations, clearly labelled in German, pick out objects and activities found in the main picture. Matching up the margin illustrations to the main picture makes the context quite clear and helps the learning process.

The second part of the book is a two-way alphabetical dictionary. The English-German section is followed by German-English, so that translations can be found starting from either language. All the entries are illustrated, so that the meanings are quite clear.

Many of the German words in this book have **der**, **die** or **das** (meaning 'the') in front of them. It is important to learn the **der**, **die** or **das** with each word. **Der** means that a word is masculine, **die** means that it is feminine, **das** means that it is neuter (neither masculine nor feminine). When the word is in the plural, then **die** is always used.

die Nase

der Mund
die Lippe

die Zunge

das Auge

die
Augenwimper

die Schulter

der Hals

Der Körper

der Ellbogen
der Arm

der Finger

der Fingernagel
die
Hand

das Handgelenk

der Daumen
die Handflache

das Augenlid

die
Fußsohle

das Knie

der Nabel

die Hufte

die Taille

der Fuß

die Ferse

4

die Augenbraue

die Zähne

der Brustkorb

der Korper

das Haar

das Gesicht

das Ohr

der Kiefer

die Backe

der Oberschenkel

das Bein

der Rücken

der Kopf

die Wade

der Schnurrbart

der Knöchel

das Kinn

die Zehe

der Bart

5

der Kragen

die Sandale

die Tasche

der Hausschuh

das Hemd

das T-shirt

das Sweatshirt

Die Kleidung

der Anorak

die Manschette

die Ohrenschützer

die Kapuze

der Schnursenkel

der Sportschuh

die Latzhose

der Hosenträger

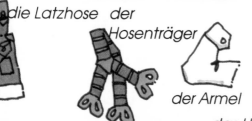

der Armel

das Unterhemd

der Fausthandschuh

der Schuh

die Unterhose

der Handschuh

6

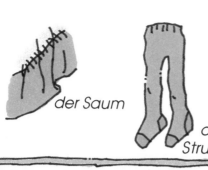
der Saum

die Strumpfhose

der Strick

das Tragerkleid

das Band

der Lichtschalter

der Knopf
das Knopfloch

die Strickjacke

der Reißverschluß

die Jeans

der Schal

die Socke

der Schlupfer

der Pullover

der Turnschuh

das Kleid

der Rock

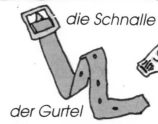

die Schnalle

der Gurtel

7

das Fenster

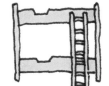

die Leiter

das Etagenbett

der Baseballschläger

der Schulranzen

die Thermosfla...

der Computer

Im Schlafzimmer

das Kissen

das Federbett

der Hausschuh

das Trikot

der Bademantel

der Schlafanzug

der Drachen

das Xylophon

das Puzzle

die Schachtel

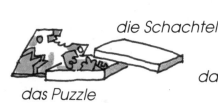

das Papier

die Burg

8

die Frisierkommode

der Spiegel

der Kleiderbügel

die Trommel

das Regal

der Kleiderschrank

die Zeichnung

das Bücherregal

das Bettuch

die Kommode

die Puppenkleider

das Federmäppchen

die Spielzeugeisenbahn

der Buntstift

der Bleistift

das Malbuch

das Puppenhaus

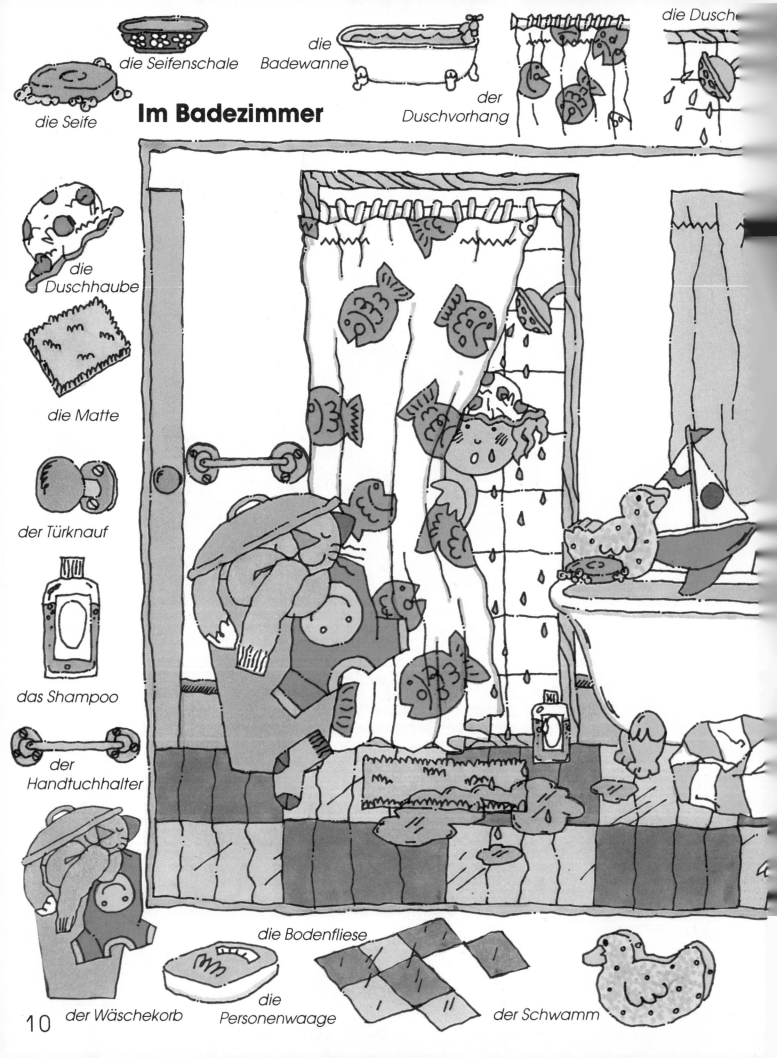

die Seife

die Seifenschale

die Badewanne

der Duschvorhang

die Dusche

Im Badezimmer

die Duschhaube

die Matte

der Türknauf

das Shampoo

der Handtuchhalter

der Wäschekorb

die Personenwaage

die Bodenfliese

der Schwamm

10

der Toilettensitz

das Toilettenpapier

der Ventilator

die Watte

der Badezimmerschrank

die Zahnpasta

die Zahnbürste

der Becher

der Hahn

der Spiegel

der Waschlappen

die Toilette

die Nagelbürste

das Badetuch

der Hocker

das Waschbecken

11

der Hocker

die Tasse

der Gefrierschrank

der Kühlschrank

die Waschmaschine

In der Küche

der Stöpsel

der Teller

der Herd

der Löffel

das Licht

der Kaffee

der Tisch

die Schüssel

die Kachel

das Spülbecken

der Hahn

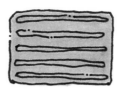
der Ablauf

der Toaster

der Backofen

die Uhr

die Bratpfanne

der Krug

der Schrank

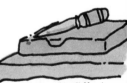
die Arbeitsfläche

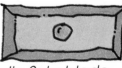
die Schublade

das Rollo

das Fenster

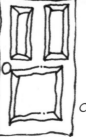
die Tür

die Keksdose

13

die Gardinenstange

die Fensterbank

das Gemalde

die Antenne

die Zeitsc.

der Vorhang

Im Wohnzimmer

die Fotografie

die Kerze

der Kerzenhalter

die Gitarre

der Comic

das Kaminsims

der Kamin

das Schutzgitter

das Feuer

der Sessel

der Videogerat

der Fernseher

das Radio

der Heizkörper

das Telefon

der Couchtisch

die Vase

der Lautsprecher

der Plattenspieler

das Tonbandgerät

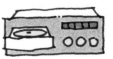
der CD-Spieler

die Fernbedienung

der Lampenschirm

der Schaukelstuhl

die Lampe

das Sofa

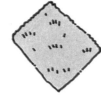
der Teppich

die Zeitung

15

der Gitterstab

der Knochen

Haustiere

die Streu

der Schnabel

das Sägemehl

der Wellensittich

das Hamsterhäuschen

der Hamster

die Alge

der Maschendraht

der Schwanz

der Freßnapf

das Hundchen

das Nasenloch

das Rad

der Wasserbehälter

die Röhre

16

das Hundefutter

das Kaninchen

das Meerschweinchen

der Kaninchenstall

der Käfig

die Wüstenspringmaus

der Nistkasten

das Fell

das Kätzchen

die Schildkröte

die Stange

der Flügel

der Papagei

die Klaue

die Pfote

17

das Ei

die Butter

die Margarine

die Spaghetti

das Hackfleisch

das Öl

Die Nahrungsmittel

der Käse

das Gewürz

das Salz

der Pfeffer

die Suppe

der Zucker

die Weintraube

die Birne

die Pommes frites

der Hamburger

die Gabel

das Messer

die Marmelade

der Honig

die Chips

die Tomate

die Salatgurke

der Essig

der Knoblauch

die Orange

 die Banane

 der Apfel

der Pilz

 die Kartoffel

 der Blumenkohl

 die Pflaume

 die Zwiebel

 die Erbse

 die Getreideflocken (f)

 der Sirup

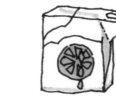 der Saft

der Reis

 das Brot

19

das
Raumfahrzeug

der Bauernhof

der Rollschuh

der Fallschirm

die
Handpuppe

die Uhr

Das Spiel

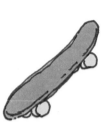

das Skateboard

das Lasso

das
Cowboykostüm

das Springseil

der Fußball

die Arche Noah

das Brettspiel

der Würfel

der Becher

der Spielmarke

die Murmel

das Jo-Jo

der Bogen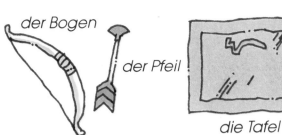

der Pfeil

die Tafel

die Kreide

das Lego

die Zielscheibe

das Plastilin

das Puppenhaus

die Puppe

der Patient

der Verband

das Stethoskop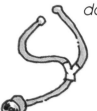

die Arzttasche

der Arztkittel

die Schwesterntracht

das Fort

21

die Stufe

die Hintertur

der Blumenkasten

der Schlauch

das Dreirad

die Katzentur

Im Garten

das Blumenbeet

die Rabatte

der Rasen

der Krumel

das
Vogelhauschen

die Erdnuß

die
Kokosnuß

die Gartenvogel

das Baumchen

der Lowenzahn

die Mauer   der Besen

die
Mistgabe

22

der Stiefel

das Unkraut

die Familie

der Steingarten

der Wasserfall

die Seerose

der wilde Garten

der Baumstumpf

der Schuppen

das Gänseblümchen

der Rasenmäher

der Rechen

die Kelle

der Spaten

der Blumentopf

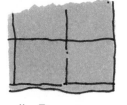
die Terrasse

der Wassermolch

der Tausendfüßler

die Raupe

der Igel

Kleine Tiere und Insekten

die Ratte

die Fledermaus

der Hirschkäfer

die Ameise

die Bohrassel

die Muschel

die Schnecke

die Schnecke

der Ohrwurm

die Fliege

der Kokon

die Biene

24

 die Stechmucke

 die Wespe

 das Spinnennetz

der Schmetterling

 die Spinne

die Motte

der Junikäfer

der Wurm

der Kafer

die Maus

 der Floh

die Heuschrecke

 die Kaulquappe

 der Froschlaich

der Frosch

25

das Fossil

die Wüstenspringmaus

das Blatt

der Naturkundetisch

die Karte

In der Schule

der Computer

der Kleiderhaken

der Mantel

die Pflanze

der Topf

die
Spielzeugkiste

A a B b C c D d E e F f G g H h I i J j K k L l M m N n O

der Papierkorb

der Ton

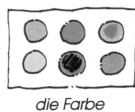
die Farbe

der Pinsel

der Leser/die Leserin

26

die Reißwecke

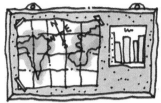
die Pinnwand

der Radiergummi

die Schere

der Lehrer/
die Lehrerin

der
Klebstoffpinsel

der Klebstoff

das Lineal

die Lernkarte

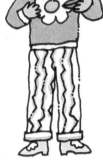

Qq Rr Ss Tt Uu Vv Ww Xx Yy Zz

die Bibliothek

der Bauklotz

das Schaubild

das Modell aus Pappkarton

das Alphabet

Aa Bb Cc Dd
1 2 3 4
die Zahlen

der Tennisplatz

der Tennisball

das Café

der Kinderwagen

der Abhang

Im Park

die Rassel

das Baby

der Sportwagen

das Karussell

das Klettergerüst

die Rutschbahn

der Spielplatz

die Wippe

der Sandkasten

die Leine

die Taube

28

der Zaun

der Busch

das Schild
Geschlossen

die Bank

der Hut

der Parkwächter

der Abfallkorb

der Regenschirm

der Tisch

der Stuhl

die Insel

der Teich

das Boot

die Kette

der Sattel

die Lenkstange

das Pedal

der Reifen

das Fahrrad

das Vorhängeschloß

das Tor

29

das Hochhaus

der Helm

der Asphalt

das Gerüst

der Kipplaster

Auf der Baustelle

der Bagger

der Sattelschlepper

die Dampfwalze

der Kompressor

das Feuerwehrauto

der Preßlufthammer

der Lader

der Kipper

die Schubkarre

der Schutzhelm
der Bauarbeiter

der Overall

der Zimmermann

der Maurer

der Betonmischer

das Nummernschild

BM MY 549

der Kran

der Müllcontainer

der Sand

das Dach

das Rad

der Backstein

die Windschutzscheibe

das Steuerrad

die Graffiti

der Bulldozer

das Poster

der Tieflader

die Betonmischmaschine

31

der Krankenwagen

die Tragbahre

der Patient
der Straßenübergang

das Rathaus
das Krankenhaus

der Laternenpfah

die Röntgenaufnahme

der Krankenpfleger/ die Krankenschwester

das Auto

der Polizist

die Bushaltestelle

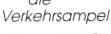
die Verkehrsampel

der Bürgersteig

In der Stadt

32   der Rollstuhl

die Tankstelle

die Zapfsäule

der Abfallkorb

der Lieferwagen

der Busfahrer

der Bus

das Haus

der Telegraphenmast

die Garage

das Wartehäuschen

der Fensterputzer

der Parkplatz

die Bank

der Geldautomat

das Geschäft

das Spielwarengeschäft

der Verkehrspolizist

der Briefträger/
die Briefträgerin

das Taxi

der Supermarkt

der Kochtopf

das
Shampoo

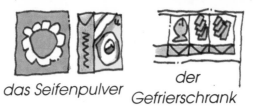
das Seifenpulver

der
Gefrierschrank

der Preis

das Gemüse

die Waage

Im Supermarkt

die
Handtasche

das Glas

die Flasche

die Lebensmittel

die Schlange

das
Portemonnaie

Supermarkt

Eingang

34

der Eingang

der
Kassenzettel

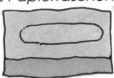
die Kasse

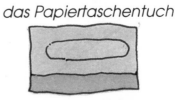
das Papiertaschentuch

die Einkaufstasche

das Obst

die Fischstäbchen (n)

der Korb

das Regal

die Packung

das Medikament

die Dose

der Ausgang

der Pfeil

der Parkplatz

Sonderpreis

Ausgang

das Geld

das Geschenkpapier

die Plastiktüte

der Einkaufswagen

die Tüte

die Karte

35

der Bulle

das Feld

die Wiese

Auf dem Land

das Dorf

die Hecke

der Hügel

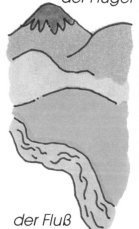

der Fluß

Vorsicht!

das Schild

der Dorfladen

das Gras

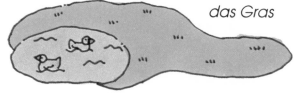

der Ententeich

das Häuschen

die Feldfrucht

der Wald

der Weg

der Fuchs

die Eule

die Ente

das Eichhörnchen

das Wiesel

die Karte

der Schornstein

der Spazierstock

der Wegweiser

der Rucksack

der Graben   das Pferd   der Schweinestall   das Ferke

das Fohlen   das Schwein

das Heu

Auf dem Bauernhof

die Vogelscheuche

die Scheune

der Trog

das Kaninchen

der Hütehund

das Kalb   die Kuh

der Bauer   die Gans   das Gänschen   der Kuhstall

der Bulle

der Traktor
der Anhänger

die Henne
das Küken

das Hühnerhaus

der Stall

die Mauer

das Tor

der Obstgarten

die Leiter

der Hof

das Schaf
das Lamm

der Lastkraftwagen

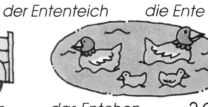
der Ententeich
die Ente
das Entchen

39

der Heißluftballon

 der Rotor

 das Motorboot

der Hubschrauber

der See

das Segelboot

Reisen

das Segel

die Kabine

die Jacht

das Kanu

das Fahrrad

das Tretauto

die Brücke

der Tunnel

das Schild

die Stufe

der Sattelschlepper

das Kanalboot

der Kanal

das Motorrad

das Ruder

40

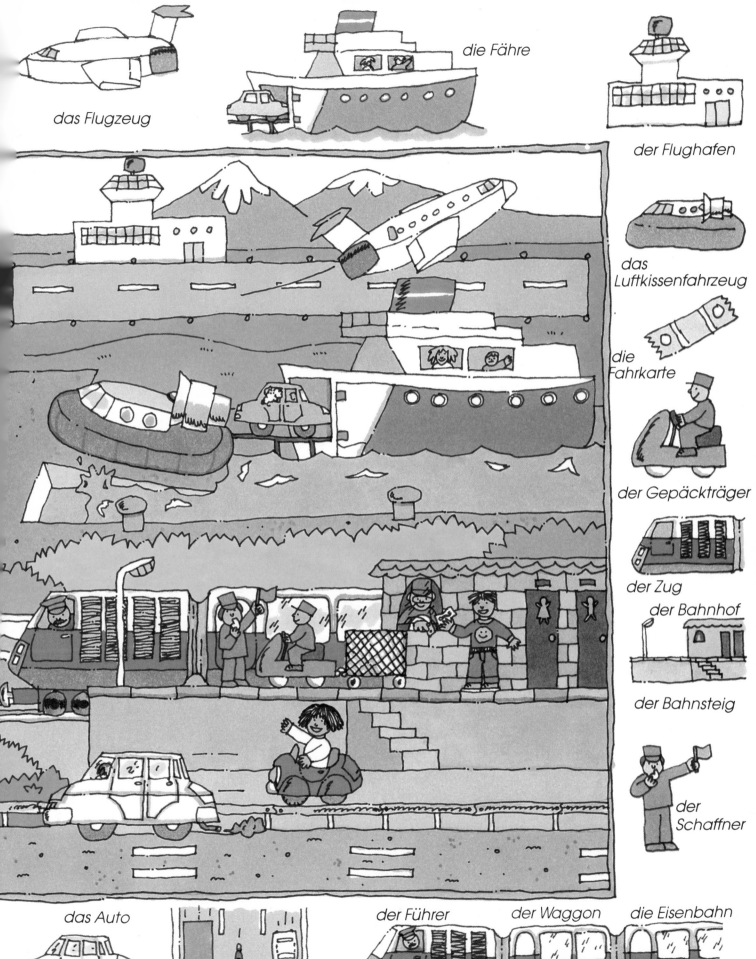

das Flugzeug

die Fähre

der Flughafen

das Luftkissenfahrzeug

die Fahrkarte

der Gepäckträger

der Zug

der Bahnhof

der Bahnsteig

der Schaffner

das Auto

die Autobahn

der Führer

der Waggon

die Eisenbahn

41

das Hotel

der Felsen

der Windschutz

der Liegestuhl

die Buhne

Am Strand

das Sonnenschutz-mittel

die Sonnenbrille

das Badetuch

der Eimer

der Spaten

der Wasserball

der Picknickkorb

der Schnorchel

die Alge

die Taucherbrille

die Muschel

die Garnele

das Schwimmarmchen

42

das Eis

der Pier

das Netz

der Kieselstein

der Strand

die Sandburg

das Meer

der Burggraben

die Fahne

die Welle

der Leuchtturm

das Surfbrett

das Surfbrett

der Mast

die Schwimmflosse

die Möwe

das Motorboot

die Schwimmweste

das Segelboot

43

der Rauch

die Markise

der Baumstamm

das Lagerfeuer

das Campinggas

die Flamme

der Baumstamm

Zelten

der Grill

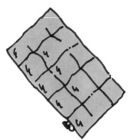
die Luftmatratze

die Wäscheleine

die Wäsche

der Schlafsack

das Fernglas

der Wohnwagen

die Campingliege

die Taschenlampe

der Campingplatz

der Wasserkanister

das Zelt

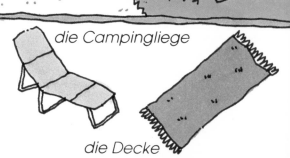
die Decke

44

der Herd

die Bratpfanne

der Fotoapparat

das Geschäft auf dem Campingplatz

die Brücke

der Bach

der Felsblock

der Köder

die Angelleine

die Angelrute

die Schokolade

der Anhänger

das Streichholz

die Zeltschnur

das Überzelt

die Zeltstange

der Zeltpflock

der Holzhammer

der Zeltboden

der Otter

45

der Picknickplatz

der Alligator

der Affe

das Flußpferd

der Schlamm

Im Safaripark

offen

die Ziege

der Streifen

das Zebra

das Känguruh

Vorsicht!

geöffnet

die Giraffe

der Pelikan

die Echse

das Wallaby

das Horn

das Nashorn

46

der Löwe

die Löwin

das Junge

das Kamel

das Geweih

der Hirsch

der Gepard

der Tiger

das Lama

der Strauß

der Flamingo

der Rüssel

der Stoßzahn

der Elefant

der Geländewagen

der Leopard

47

das Riesenrad

das Floß

die Geisterbahn

der Autoskooter

die Rakete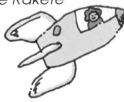

Im Vergnügungspark

der Kopfschmuck

der Indianer/
die Indianerin

die Wildwest-Show

der Cowboy

die Parade

das Planschbecken

die Liliputbahn

das Popcorn

der Schießstand

der Springbrun

das Karussell

die Rutschbahn

die Drahtseilbahn

der Irrgarten

der Go-Kart

die Schlittenbahn

das aufblasbare Schloß

die Zuckerwatte

das Puppenspiel

der Eisstand

die Einschienenbahn

die Achterbahn

die Imbißstube

die Fliege

der Zauberstab

der Umhang

der Zauberer

das Paket

Eine Party

der Strohhalm

der Kuchen

die bunten
Lichter

das Hot dog

der Luftballon

die Tischdecke

die Kerze

der Pappteller

das Getränk

der Pappbecher

die Papierserviette

50

die Karte

die Papierpfeife

die Luftschlange

der Papierhut

das Band

das Partykleid

das Knallbonbon

die Girlande

das Geschenk

der Zylinder

das Taschentuch

die Papierblume

51

der Schwertfisch

der Seehund

die Schildkröte

der Taucher

der Rochen

Unter Wasser

das Walroß

die Koralle

der Schwarm

das Seepferdchen

der Seestern

der Mast

das Wrack

der Schatz

die Kanone

die Venusmuschel

die Garnele

52

der Delphin

das Tauschgerät

die Taucherbrille

der Wal

die Qualle

der Taucheranzug

der Fangarm

der Tintenfisch

der Saugnapf

die Seeanemone

die Höhle

die schenlampe

die Auster

der Aal

die Flosse

der Hai

der Hummer

53

der Hund   laufen

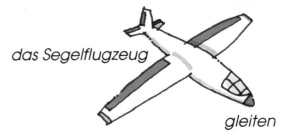

das Segelflugzeug

gleiten

Bewegung

die
Schlange

sich schlängeln

krabbeln

die Spinne

der Junge
das Mädchen

gehen

das Pferd

54   traben

gallopieren

der Fisch

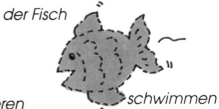

schwimmen

der Vogel

fliegen

hüpfen

tauchen

die Ente

watscheln

die Katze

Klettern

das Kind

schaukeln

der Wasservogel

waten

der Frosch

springen

die Kröte

springen

die Libelle

schweben

55

zwitschern singen

der Vogel

gackern

das Huhn

pfeifen

der Truthahn

Geräusche

kollern

schreien

der Esel

bloten

das Schaf

quieken

das Ferkel

grunzen

das Schwein

summen

die Biene

schnattern

die Ente

zischen

die Schlange

der Wipfel

der untere Teil

die Schaukel

klein   groß

eng   breit

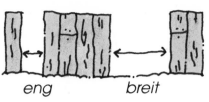

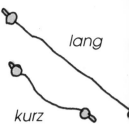
lang

kurz

Formen, Farben und Gegensätze

dick

dünn

hinauf

hinuter

traurig

glücklich

hart

weich

neu

alt

orange

rot

gelb

grün

blau

lila

rosa

weiß

schwarz

braun

grau

die Kugel

das Rechteck

der Stern

der Kreis

klein groß

der Regenbogen

das Dreieck

der Würfel

das Quadrat

59

der Nadelbaum

das Eis

der Schlitten

Die Jahreszeiten

Der Winter

die
Schneeflocke

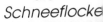

der Schneeball

der Schnee

der Zweig

das Nest

die Blüte

das Lamm

der Regenschauer

60

der Krokus

die Knospe

Der Frühling

die Osterglocke

die Schlüsselblume

der Angler

das Schilfrohr

das Ruderboot

der Fluß

das Flußufer

Der Sommer

das Picknick

der Sonnenschein

die Rose

das Blatt

der Apfel

das Eichhörnchen

Der Herbst

die Beere

die Birne

der Nebel

die Eichel

die Eiche

das Gartenfeuer

61

das Ungeheuer der Mond

der Drachen

der Kobold

der Zwerg

Die Welt der Geschichten

das Publikum

das Schwert

der Schild

die Feder

der Helm

die Rüstung

der Ritter

die Königin

der König

der Schatz

der Pirat

der Zauberer

der Kesse

62

das Monster

der Clown

die Burg

die Marionette

der Riese

die Fee

der Geist

das Spukhaus

die Eule

der Narr

das Einhorn

der Prinz   die Prinzessin   die Krone

die Hexe

der Besenstiel

der Elf/die Elfe

der Giftpilz

das Make-up

der verzauberte Wald

63

Section 2 / Teil 2

Alphabetical dictionary
English - German **65**   German - English **97**

Alphabetisches Wörterbuch
English - Deutsch **65**   Deutsch - English **97**

Aa

acorn
die Eichel

aerial
die Antenne

aeroplane
das Flugzeug

airbed
die Luftmatratze

airport
der Flughafen

alligator
der Alligator

alphabet
das Alphabet
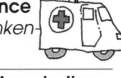

ambulance
der Kranken-wagen

Amerindian
*der Indianer/
die Indianerin*

amusement park
der Vergnügungspark
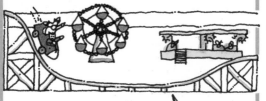

angler
der Angler

ankle
der Knöchel

anorak
der Anorak

ant
die Ameise

antlers
das Geweih

ape
der Affe

apple
der Apfel

aqualung
das Tauchgerät

arm
der Arm

armband
das Schwimm-ärmchen

armchair
der Sessel

armour
die Rüstung

arrow
der Pfeil

articulated lorry
der Sattelschlepper

audience
das Publikum

autumn
der Herbst

awning
die Markise

Bb

baby
das Baby

back
der Rücken

back door
die Hintertür

bait
der Köder

balloon
der Luftballon

banana
die Banane

bandage
der Verband

bank
die Bank

---

bar
der Gitterstab

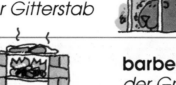

barbecue
der Grill

to bark
bellen

barn
die Scheune

baseball bat
der Baseballschläger

basket
der Korb

bat
die Fledermaus

bath
die Badewanne

bath towel
das Badetuch

bathroom
das Badezimmer

beach
der Strand

beach ball
der Wasserball

---

beach towel
das Badetuch

beak
der Schnabel

beaker
der Becher

beard
der Bart

bedding
die Streu

bedroom
das Schlafzimmer

bee
die Biene

beetle
der Käfer

belt
der Gürtel

bench
die Bank

berry
die Beere

beware!
Vorsicht!

bicycle
das Fahrrad

big
groß

big wheel
das Riesenrad

binoculars
das Fernglas

bird
der Vogel

bird table
das Vogel-häuschen

biscuit tin
die Keksdose

black
schwarz

black-board
die Tafel

blanket
die Decke

---

to bleat
blöken  bleat

blind
das Rollo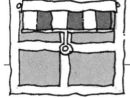

blossom
die Blüte

blue
blau

board game
das Brettspiel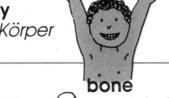

body
der Körper

bone
der Knochen

bonfire
das Gartenfeuer

bookcase
das Bücherregal

boot
der Stiefel

---

border
die Rabatte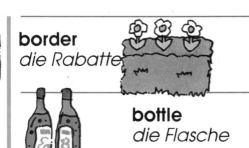

bottle
die Flasche

bottom
der untere Teil

boulder
der Felsblock

bouncy castle
das aufblasbare Schloß

bow
der Bogen

bow
die Fliege

bowl
die Schüssel

box
die Schachtel

boy
der Junge

braces
der Hosenträger

branch
der Zweig

to bray
schreien

bread
das Brot

brick
der Backstein

bricklayer
der Maurer

bridge
die Brücke

broom
der Besen

broomstick
der Besenstiel

brown
braun

bucket
der Eimer

buckle
die Schnalle

bud
die Knospe

budgerigar
der Wellensittich

builder
der Bauarbeiter

building block
der Bauklotz

bull
der Bulle

bulldozer
der Bulldozer

bunk beds
das Etagenbett

bus
der Bus

bus driver
der Busfahrer

bus stop
die Bushaltestelle

bush
der Busch

butter
die Butter

butterfly
der Schmetterling

button
der Knopf

buttonhole
das Knopfloch

to buzz
summen

buzz

Cc

cabin
die Kabine

cabinet
der Badezimmerschrank

cable car
die Drahtseilbahn

café
das Café

camp site
der Camping-platz

caravan
der Wohnwagen

cage
der Käfig

camping gas
das Campinggas

card
die Karte

canal
der Kanal
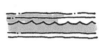

cardboard model
das Modell aus Pappkarton

cake
der Kuchen

canal boat
das Kanalboot

cardigan
die Strickjacke

calf
die Wade

candle
die Kerze

carpenter
der Zimmermann

calf
das Kalb

candlestick
der Kerzenhalter

carpet
der Teppich

camel
das Kamel

candy floss
die Zuckerwatte

carriage
der Waggon

cannon
die Kanone

cashpoint
der Geldautomat

camera
der Fotoapparat

canoe
das Kanu

castle
die Burg

camp bed
die Campingliege

car
das Auto

cat
die Katze

camp fire
das Lagerfeuer

car park
der Parkplatz
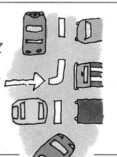

cat flap
die Katzentür

camp shop
das Geschäft auf dem Campingplatz

caterpillar
die Raupe

C

cauldron
der Kessel

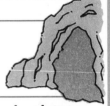
cauliflower
der Blumenkohl

cave
die Höhle
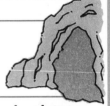

cement mixer
die Betonmisch-maschine

centipede
der Tausendfüßler

cereal
die Getreide-flocken (n)

chain
die Kette

chair
der Stuhl

chalk
die Kreide

chart
das Schaubild

checkout
die Kasse

cheek
die Backe

---

cheese
der Käse

cheetah
der Gepard

chest
der Brustkorb

chest of drawers
die Kommode

chick
das Küken

chicken
das Huhn

child
das Kind

chimney
der Schornstein

chin
das Kinn

---

chips
die Pommes frites

to chirp
zwitschern

chocolate
die Schokolade

circle
der Kreis

clam
die Venusmuschel

claw
die Klaue

clay
der Ton

cliff
der Felsen

to climb
klettern

climbing frame
das Klettergerüst

cloak
der Umhang

70

clock
die Uhr

closed
geschlossen

clothes
die Klieder (n)

clown
der Clown

to cluck
gackern

coat
der Mantel

coconut
die Kokosnuß

cocoon
der Kokon

coffee
der Kaffee

coffee table
der Couchtisch

collar
der Kragen

colour
die Farbe

colouring book
das Malbuch

comic
der Comic

compact disc player
der CD-Spieler

compressor
der Kompressor

computer
der Computer

concrete mixer
der Betonmischer

cooker
der Herd

coral
die Koralle

cord
der Strick

cottage
das Häuschen

cotton wool
die Watte

counter
der Spielmarke

country
das Land

cow
die Kuh

cowboy
der Cowboy

cowboy outfit
das Cowboy-kostüm

cowshed
der Kuhstall

cracker
das Knall-bonbon

crane
der Kran
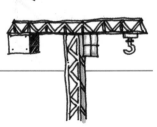

crayon
der Buntstift

crisps
die Chips

crocus
der Krokus

 **crop**
die Feldfrucht

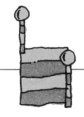
crossing
der Straßenübergang

 crown
die Krone

crumb
der Krümel

 **to cry**
weinen

cub
das Junge

 **cube**
der Würfel

cucumber
die Salatgurke

cuff
die Manschette

---

cup
die Tasse

 **cupboard**
der Schrank

curtain
der Vorhang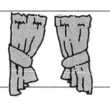

 curtain pole
die Gardinenstange

Dd

daffodil
die Osterglocke

 daisy
das Gänseblümchen

dandelion
der Löwenzahn

 **deckchair**
der Liegestuhl

deer
der Hirsch

---

dice
der Würfel

 **digger**
der Bagger

ditch
der Graben

to dive
tauchen

diver
der Taucher

doctor's bag
die Arzttasche

doctor's outfit
der Arztkittel

dodgem
der Autoskooter

dog
der Hund

dog food
das Hundefutter

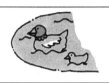

E

doll
die Puppe

doll's clothes
die Puppen-kleider (n)

doll's house
das Puppenhaus

dolphin
der Delphin

donkey
der Esel

door
die Tür

door knob
der Türknauf

down
hinunter

dragon
der Drachen

dragonfly
die Libelle

---

draining board
der Ablauf

drawer
der Schublade

drawing
die Zeichnung

drawing pin
die Reißzwecke

dress
das Kleid

dressing gown
der Bademantel

dressing table
die Frisier-kommode

drink
das Getränk

driver
der Führer

drum
die Trommel

duck
die Ente

---

duckling
das Entchen

duckpond
der Ententeich

dumper truck
der Kipper
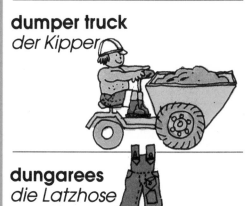

dungarees
die Latzhose
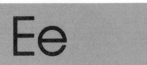

Ee

ear
das Ohr

ear muffs
die Ohrenschützer

earwig
der Ohrwurm

eel
der Aal

egg
das Ei

elbow
der Ellbogen

73

elephant
der Elefant

elf
der Elf/die Elfe

enchanted wood
der verzauberte Wald

entrance
der Eingang

evergreen tree
der Nadelbaum

exit
der Ausgang

eye
das Auge

eyebrow
die Augenbraue

eyelash
die Augenwimper

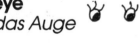

eyelid
das Augenlid

Ff

face
das Gesicht

face mask
die Taucherbrille

fairy
die Fee

fairy lights
die bunten Lichter

family
die Familie

fan
der Ventilator

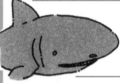

farm
der Bauernhof

farmer
der Bauer

---

farmyard
der Hof

fat
dick

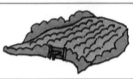

ferry
die Fähre

field
das Feld

fin
die Flosse

finger
der Finger

fingernail
der Fingernagel

fire
das Feuer

fire engine
das Feuerwehrauto

fireguard
das Schutzgitter

fireplace
der Kamin

fish
der Fisch

fish fingers
die fisch-stäbchen (n)

fishing line
die Angelleine

fishing rod
die Angelrute

flag
die Fahne

flame
die Flamme

flamingo
der Flamingo

flannel
der Wasch-lappen

flashcard
die Lernkarte

flask
die Thermos-flasche

flea
der Floh

flipper
die Schwimm-flosse
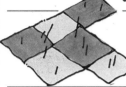

floor tile
die Bodenfliese

flower bed
das Blumenbeet
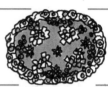

flowerpot
der Blumentopf

fly
die Fliege

to fly
fliegen

flysheet
das Überzelt

foal
das Fohlen

food
die Nahrung-smittel

food bowl
der Freßnapf

foot
der Fuß

football
der Fußball

fork
die Gabel

fort
das Fort
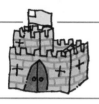

fossil
das Fossil

fountain
der Spring-brunnen

fox
der Fuchs

freezer
der Gefrierschrank

fridge
der Kühlschrank

frog
der Frosch

frog spawn
der Froschlaich

fruit
das Obst

frying pan
die Bratpfanne

fur
das Fell

Gg

to gallop
gallopieren

garage
die Garage

garden
der Garten

garden birds
die Gartenvögel (m)

garlic
der Knoblauch

gate
das Tor

gerbil
die Wüstenspringmaus

ghost
der Geist

ghost train
die Geisterbahn

giant
der Riese

giraffe
die Giraffe

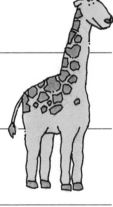

girl
das Mädchen

to glide
gleiten

glider
das Segel-flugzeug

glove
der Handschuh

glove puppet
die Handpuppe

gnome
der Zwerg

go-kart
der Go-Kart

goat
die Ziege

to gobble
kollern

gobble

goblin
der Kobold

goggles
die Taucherbrille

goose
die Gans

gosling
das Gänschen

graffiti
die Graffiti

grape
die Weintraube

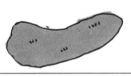

grass
das Gras

grasshopper
die Heusch-recke

green
grün

grey
grau

groceries
die Lebensmittel

groundsheet
der Zeltboden

groyne
die Buhne

to grunt
grunzen

guard
der Schaffner

guinea pig
das meer-schweinchen

guitar
die Gitarre

guy rope
die Zeltschnur

Hh

hair
das Haar

hamburger
der Hamburger

hamster
der Hamster

hamster house
das Hamsterhäuschen

hand
die Hand

handbag
die Handtasche

handkerchief
das Taschentuch

handlebars
die Lenkstange

hanger
der Kleiderbügel

happy
glücklich

hard
hart

hat
der Hut

haunted house
das Spukhaus

hay
das Heu

head
der Kopf
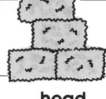

headdress
der Kopfschmuck

hedge
die Hecke

hedgehog
der Igel

heel
die Ferse

helicopter
der Hubschrauber

helmet
der Helm

helter-skelter
die Rutschbahn

hem
der Saum

hen
die Henne

hen house
das Hühnerhaus

hill
der Hügel
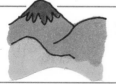

hip
die Hüfte

hose
der Schlauch

hippopotamus
das Flußpferd

hospital
das Krankenhaus

ice
das Eis

ice-cream
das Eis

hot-air balloon
der Heißluftballon

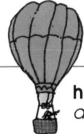

ice-cream stall
der Eisstand

to hiss
zischen

hot dog
das Hotdog

island
die Insel

honey
der Honig

hotel
das Hotel

hood
die Kapuze

house
das Haus

jam
die Marmelade

jar
das Glas

to hop
hüpfen

to hover
schweben

jaw
der Kiefer

horn
das Horn

hovercraft
das Luft-kissenfahrzeug

horse
das Pferd

to hum
summen

jeans
die Jeans

hutch
der Kanin-chenstall

jellyfish
die Qualle

jester
der Narr

jigsaw puzzle
das Puzzle

jug
der Krug

juice
der Saft

to jump
springen

jumper
der Pullover

Kk

kangaroo
das Känguruh

king
der König

kitchen
die Küche

kite
der Drachen

kitten
das Kätzchen

knee
das Knie

knickers
der Schlüpfer

knife
das Messer

knight
der Ritter

Ll

lace
der Schnürsenkel

ladder
die Leiter

ladybird
der Junikäfer

lake
der See

lamb
das Lamm

lamp
die Lampe

lamp-post
der Laternenpfahl

lampshade
der Lampenschirm

lane
der Weg

lasso
das Lasso

to laugh
lachen

laundry basket
der Wäschekorb

lawn
der Rasen

lawnmower
der Rasenmäher

lead
die Leine

leaf
das Blatt

to leap
springen

leg
das Bein

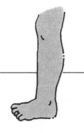

Lego
das Lego

leopard
der Leopard

leotard
das Trikot

library
die Bibliothek

lifejacket
*die schwimm-
weste*

light
das Licht

light switch
der Lichtschalter

lighthouse
der Leuchtturm

lion
der Löwe

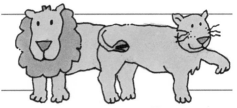

lioness
die Löwin

lip
die Lippe

litter bin
der Abfallkorb

little
klein

living room
*das Wohn-
zimmer*

lizard
die Echse

llama
das Lama

loader
der Lader

lobster
der Hummer

log
der Baumstamm

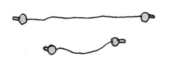

long
lang

loudspeaker
der Lautsprecher

low loader
der Tieflader

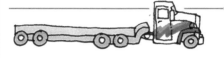

Mm

magazine
die Zeitschrift

magic wand
der Zauberstab

magician
der Zauberer

make-up
das Make-up

mallet
der Holzhammer

mantlepiece
das Kaminsims

map
die Karte

marble
die Murmel

margarine
die Margarine

mast
der Mast

mat
die Matte

match
das Streichholz

maze
der Irrgarten

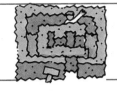

meadow
die Wiese

medicine
das Medikament

merry-go-round
das Karussell

to mew
miauen

mew

mince
das Hackfleisch

miniature railway
die Liliputbahn

minibeast
das Insekt

mirror
der Spiegel

mist
der Nebel

mitten
der Fausthandschuh

moat
der Burggraben

money
das Geld

monkey
der Affe

monorail
die Einschienenbahn

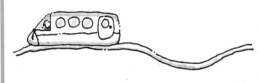

monster
das Monster

to moo
muhen

moo

81

moon
der Mond

mosquito
die Stechmücke

moth
die Motte

motor boat
das Motorboot

motorbike
das Motorrad

motorway
die Autobahn

mouse
die Maus

moustache
der Schnurrbart

mouth
der Mund

movement
die Bewegung

mud
der Schlamm

mushroom
der Pilz

Nn

nailbrush
die Nagelbürste

narrow
eng

nature table
der Natur-kundetisch

navel
der Nabel

neck
der Hals

to neigh
wiehern

nest
das Nest

nesting box
der Nistkasten

net
das Netz

new
neu

newspaper
die Zeitung

newt
der Wasserm...

Noah's ark
die Arche Noah

nose
die Nase

nostril
das Nasenloch

notice
das Schild

Beware of the bull

numberplate
das Nummernschild
H456 N

numbers
die Zahlen

nurse
die Kranken-schwester/der Krankenpfleger

nurse's outfit
die Schwestern-tracht

Oo

oak tree
die Eiche

oar
das Ruder

octopus
der Tintenfisch

ogre
das Ungeheuer

oil
das Öl

old
alt

onion
die Zwiebel

open
offen

opposites
die Gegensätze

orange
orange

orange
die Orange

orchard
der Obstgarten

ostrich
der Strauß
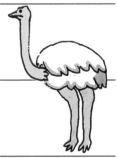

otter
der Otter

oven
der Backofen

overalls
der Overall

owl
die Eule

oyster
die Auster

Pp

packet
die Packung

paddling pool
das Planschbecken

padlock
das Vorhänge-schloß

paint
die Farbe

paintbrush
der Pinsel

painting
das Gemälde

palm
die Handfläche

pants
die Unterhose

paper
das Papier

paper bag
die Tüte

paper chain
die Girlande

paper cup
der Pappbecher

paper flower
die Papierblume

paper hat
der Papierhut

P

paper napkin
die Papierserviette

paper plate
der Pappteller

parachute
der Fallschirm

parade
die Parade

parcel
das Paket

park
der Park

park keeper
der Parkwächter

parrot
der Papagei

party
die Party

party dress
das Partykleid

party squeaker
die Papierpfeife

paste
der Klebstoff

paste brush
der Klebstoffpinsel

patient
der Patient

pavement
der Bürgersteig

paw
die Pfote

pea
die Erbse

peanut
die Erdnuß

pear
die Birne

pebble
der Kieselstein

pedal
das Pedal

pedal car
das Tretauto

peg
der Kleiderhaken

pelican
der Pelikan

pencil
der Bleistift

pencil case
das Feder-mäppchen

people
die Leute

pepper
der Pfeffer

pet
das Haustier

petrol pump
die Zapfsäule

petrol station
die Tankstelle

photograph
die Fotografie

picnic
das Picknick

picnic area
der Picknickplatz

picnic basket
der Picknickkorb

pier
der Pier

pig
das Schwein

pigeon
die Taube

piglet
das Ferkel

pigsty
der Schweine-stall

pillow
das Kissen

pinafore dress
das Trägerkleid

pinboard
die Pinnwand

pink
rosa

pirate
der Pirat

plant
die Pflanze

plastic bag
die Plastiktüte

Plasticine
das Plastilin

plate
der Teller

platform
der Bahnsteig

to play
spielen

playground
der Spielplatz

plimsoll
der Turnschuh

plug
der Stöpsel

plum
die Pflaume

plume
die Feder

pneumatic drill
der Preßlufthammer

pocket
die Tasche

police officer
der Polizist

pond
der Teich

pony
das Pony

popcorn
das Popcorn

porter
der Gepäck-träger

poster
das Poster

postman/postwoman
der Briefträger/die Briefträgerin

pot
der Topf

potato
die Kartoffel

pram
der Kinderwagen

present
das Geschenk

price
der Preis

primrose
die Schlüssel-blume

prince
der Prinz

princess
die Prinzessin

puppet
die Marionette

puppet show
das Puppenspiel

puppy
das Hundchen

purple
lila

purse
das Portemonnaie

pushchair
der Sportwagen

pyjamas
der Schlafanzug

Qq

to quack
schnattern

quack
faire
coin-coin

queen
die Königin

queue
die Schlange

quilt
das Federbett

Rr

rabbit
das Kaninchen

radiator
der Heizkörper

radio
das Radio

raft
das Floß

railing
der Zaun

railway
die Eisenbahn

rain shower
der Regenschauer

rainbow
der Regenbogen

rake
der Rechen

rat
die Ratte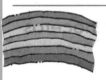

rattle
die Rassel

ray
der Rochen

reader
der Leser/ die Leserin

receipt
der Kassenzettel

record player
der Plattenspieler

rectangle
das Rechteck

red
rot

reed
das Schilfrohr

remote control
die Fernbedienung

rhinoceros
das Nashorn

ribbon
das Band

rice
der Reis

rifle range
der Schießstand

river
der Fluß

riverbank
das Flußufer

rock garden
der Steingarten

rocket
die Rakete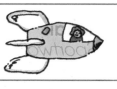

rocking chair
der Schaukelstuhl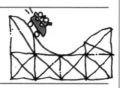

roller coaster
die Achterbahn

roller skate
der Rollschuh

roof
das Dach

rose
die Rose

rotor
der Rotor

roundabout
das Karussell

rowing boat
das Ruderboot

rubber
der Radiergummi

rucksack
der Rucksack

rug
der Läufer

ruler
das Lineal

to run
laufen

Ss

sad
traurig

saddle
der Sattel

safari park
der Safaripark

safety hat
der Schutzhelm

sail
das Segel

sailing boat
das Segelboot

salt
das Salz

sand
der Sand

sandal
die Sandale

sandcastle
die Sandburg

sandpit
der Sandkasten

satchel
der Schulranzen

saucepan
der Kochtopf

sawdust
das Sägemehl

scaffolding
das Gerüst
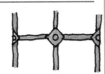

scales
die Waage

scarecrow
die Vogelscheuche

scarf
der Schal

school
die Schule

scissors
die Schere

to scuttle
krabbeln

sea
das Meer

sea anemone
die Seeanemone

seagull
die Möwe

seahorse
das Seepferdchen

seal
der Seehund

season
die Jahreszeit

seaweed
die Alge

seesaw
die Wippe

settee
das Sofa

shampoo
das Shampoo

shape
die Form

shark
der Hai

shed
der Schuppen

sheep
das Schaf

sheepdog
der Hütehund

sheet
das Bettuch

shelf
das Regal

shell
die Muschel

shelter
*das Warte-
häuschen*

shield
der Schild

shirt
das Hemd

shoal
der Schwarm

shoe
der Schuh

shop
*das
Geschäft*

shopping bag
*die
Einkaufstasche*

short
klein

short
kurz

shoulder
die Schulter

to shout
schreien

shower
die Dusche

shower cap
*die
Duschhaube*

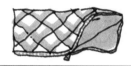
shower curtain
*der
Duschvorhang*

shrimp
die Garnele

shrub
das Bäumchen

sign
das Schild

signpost
*der
Wegweiser*

to sing
singen

sink
*das
Spülbecken*

skateboard
*das
Skateboard*

skip
*der
Müllcontainer*

skipping rope
das Springseil

skirt
der Rock

sledge
*der
Schlitten*

sleeping bag
der Schlafsack

sleeve
der Ärmel

slide
*die
Rutschbahn*

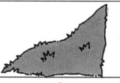
slipper
der Hausschuh

to slither
*sich
schlängeln*

slope
*der
Abhang*

slug
*die
Schnecke*

smoke
der Rauch

snack bar
die Imbißstube

89

snail
die Schnecke

snake
die Schlange

to sneeze
niesen

sneeze

snorkel
der Schnorchel

snow
der Schnee

snowball
der Schneeball

snowflake
die Schneeflocke

snowman
der Schneemann

soap
die Seife

soap dish
die Seifenschale

soap powder
das Seifenpulver

sock
die Socke

soft
weich

sole
die Fußsohle

sound
das Geräusch

soup
die Suppe

spacecraft
das Raumfahrzeug

spade
der Spaten

spaghetti
die Spaghetti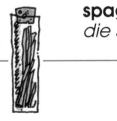

sphere
die Kugel

spice
das Gewürz

spider
die Spinne

spider's web
das Spinnennetz

sponge
der Schwamm

spoon
der Löffel

spring
der Frühling

square
das Quadrat

squash
der Sirup

squeak

to squeak
piepsen

to squeal
quieken

squeal

squirrel
das Eichhörnchen

stable
der Stall

stag beetle
der Hirschkäfer

stand
die Stange

star
der Stern

starfish
der Seestern

station
der Bahnhof

steam roller
die Dampfwalze

steering wheel
das Steuerrad

step
die Stufe

stethoscope
das Stethoskop

stool
der Hocker

story
die Geschichte

stove
der Herd

straw
der Strohhalm

stream
der Bach

streamer
die Luftschlange

stretcher
die Tragbahre

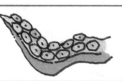

stripe
der Streifen

sucker
der Saugnapf

sugar
der Zucker

summer
der Sommer

suntan lotion
das Sonnenschutzmittel

sunglasses
die Sonnenbrille

sunshine
der Sonnenschein

supermarket
der Supermarket

surfboard
das Surfbrett

sweatshirt
das Sweatshirt

to swim
schwimmen

to swing
schaukeln

swing
die Schaukel

sword
das Schwert

swordfish
der Schwertfisch

91

T

Tt

table
der Tisch

tablecloth
die Tischdecke

tadpole
die Kaulquappe

tail
der Schwanz

tall
groß

tap
der Hahn

tape recorder
das Tonbandgerät

target
die Zielscheibe

tarmac
der Asphalt

taxi
das Taxi

teacher
*der Lehrer/
die Lehrerin*

teeth
die Zähne

telegraph pole
der Telegraphenmast

telephone
das Telefon

television
der Fernseher

tennis ball
der Tennisball

tennis court
der Tennisplatz

tent
das Zelt

tent peg
der Zeltpflock

tent pole
die Zeltstange

tentacle
der Fangarm

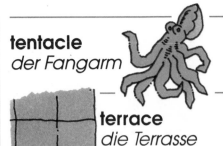

terrace
die Terrasse

thigh
der Oberschenkel

thin
dünn

thumb
der Daumen

ticket
die Fahrkarte

tiger
der Tiger

tights
die Strumpfhose

tile
die Kachel

tin
die Dose

tipper truck
der Kipplaster

tissue
das Papiertaschentuch

toothbrush
die Zahnbürste

toy box
die Spielzeugkiste

toothpaste
die Zahnpasta

toy farm
der Bauernhof

toad
die Kröte

top
der Wipfel

toadstool
der Giftpilz

top hat
der Zylinder

toy shop
das Speilwaren-geschäft

toaster
der Toaster

torch
die Taschenlampe

tractor
der Traktor

toboggan run
die Schlittenbahn

tortoise
die Schildkröte

traffic lights
die Verkehrsampel

toe
die Zehe

towel rail
der Handtuchhalter

traffic warden
der Verkehrspolizist

toilet
die Toilette

tower block
das Hochhaus

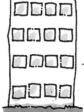

trailer
der Anhänger

toilet paper
das Toiletten-papier

train
der Zug

toilet seat
der Toilettensitz

town
die Stadt

train set
die Speil-zeugeisenbahn

tomato
die Tomate

town hall
das Rathaus

trainer
der Sportschuh

tongue
die Zunge

toy boat
das Boot

travelling
das Reisen

T

treasure
der Schatz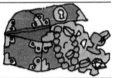

tree stump
der Baumstumpf

tree trunk
der Baumstamm

 **triangle**
das Dreieck

tricycle
das Dreirad

trolley
der Einkaufswagen

 **to trot**
traben

trough
der Trog

 trowel
die Kelle

truck
der Lastkraftwagen

 **trunk**
der Rüssel

T-shirt
das T-Shirt

tube
die Röhre

tunnel
der Tunnel

 turkey
der Truthahn

turtle
die Schildkröte

 **tusk**
der Stoßzahn

tyre
der Reifen

Uu

umbrella
der Regenschirm

 unicorn
das Einhorn

up
hinauf

Vv

 van
der Lieferwagen

vase
die Vase

 **vegetable**
das Gemüse

vest
das Unterhemd

video
der Videogerät

 village
das Dorf

village store
der Dorfladen

vinegar
der Essig

Ww

to waddle
watscheln

94

to wade
waten

waist
die Taille

to walk
gehen

walking stick
der Spazierstock

wall
die Mauer

wallaby
das Wallaby

walrus
das Walroß

wardrobe
der Kleiderschrank

washbasin
das Waschbecken

washing
die Wäsche

washing line
die Wäscheleine

washing machine
die Waschmaschine

wasp
die Wespe

wastepaper bin
der Papierkorb

watch
die Uhr

water bird
der Wasservogel

water bottle
der Wasserbehälter

water carrier
der Wasserkanister

waterfall
der Wasserfall

waterlily
die Seerose

wave
die Welle

weasel
das Wiesel

weed
das Unkraut

wet suit
der Taucheranzug

whale
der Wal

wheel
das Rad

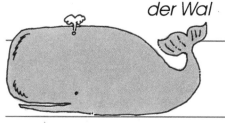

wheelbarrow
die Schubkarre

wheelchair
der Rollstuhl

to whistle
pfeifen

whistle

white
weiß

95

W

wide
breit

wild garden
der wilde Garten

wild west show
die Wildwest-Show

windbreak
der Windschutz

window
das Fenster

window box
der Blumenkasten

window cleaner
der Fensterputzer

windowsill
die Fensterbank

windscreen
die Windschutzscheibe

windsurfer
das Surfbrett

wing
der Flügel

winter
der Winter

wire netting
der Maschendraht

witch
die Hexe

wizard
der Zauberer

wood
der Wald

woodlouse
die Bohrassel

worktop
die Arbeitsfläche

world
die Welt

worm
der Wurm

wrapping paper
das Geschenkpapier

wreck
das Wrack

wrist
das Handgelenk

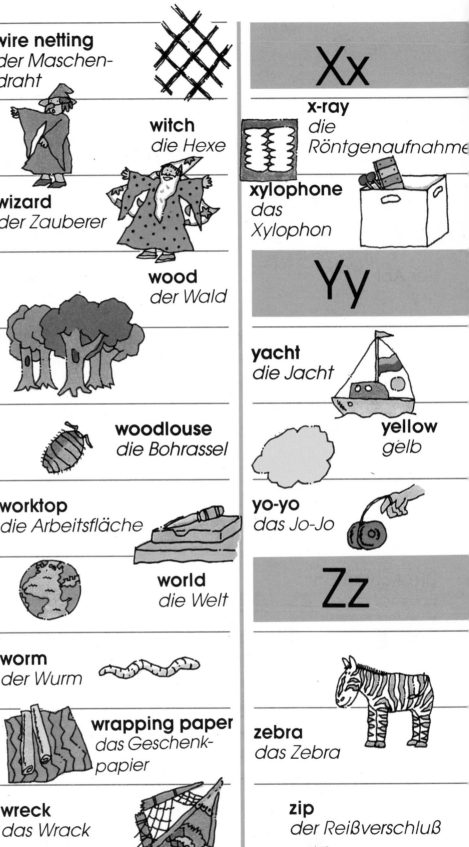

Xx

x-ray
die Röntgenaufnahme

xylophone
das Xylophon

Yy

yacht
die Jacht

yellow
gelb

yo-yo
das Jo-Jo

Zz

zebra
das Zebra

zip
der Reißverschluß

Teil 2

Alphabetisches Wörterbuch
English - Deutsch **65** Deutsch - English **97**

Section 2

Alphabetical dictionary
English - German **65** German - English **97**

Aa

der Aal
eel

der Abfallkorb
litter bin

der Abhang
slope

der Ablauf
draining board

die Achterbahn
roller coaster

der Affe
ape
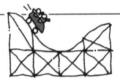

der Affe
monkey

die Alge
seaweed

der Alligator
alligator

das Alphabet
alphabet

alt
old

die Ameise
ant

die Angelleine
fishing line

der Angler
angler

die Angelrute
fishing rod

der Anhänger
trailer

der Anorak
anorak

die Antenne
aerial

der Apfel
apple

die Arbeitsfläche
worktop

die Arche Noah
Noah's ark
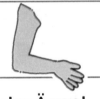

der Arm
arm

der Ärmel
sleeve

der Arztkittel
doctor's outfit

die Arzttasche
doctor's bag

der Asphalt
tarmac

das aufblasbare Schloß
bouncy castle

das Auge
eye

die Augenbraue
eyebrow

das Augenlid
eyelid

die Augenwimper
eyelash

der Ausgang
exit

die Auster
oyster

das Auto
car

die Autobahn
motorway

---

der Autoskooter
dodgem

Bb

das Baby
baby

der Bach
stream

die Backe
cheek

der Backofen
oven

der Backstein
brick

der Bademantel
dressing gown

das Badetuch
bath towel

das Badetuch
beach towel

---

die Badewanne
bath
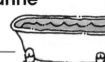

das Badezimmer
bathroom

der Badezimmerschrank
cabinet

der Bagger
digger

der Bahnhof
station

der Bahnsteig
platform

die Banane
banana

das Band
ribbon

die Bank
bank

die Bank
bench

der Bart
beard

der Baseballschläger
baseball bat

der Bauarbeiter
builder

der Bauer
farmer

der Bauernhof
farm

der Bauernhof
toy farm

der Bauklotz
building block

das Bäumchen
shrub

der Baumstamm
tree trunk

der Baumstamm
log

der Baumstumpf
tree stump

der Becher
beaker

die Beere
berry

das Bein
leg

bellen
to bark

der Besen
broom

der Besenstiel
broomstick

der Betonmischer
concrete mixer

die Betonmischmaschine
cement mixer

das Bettuch
sheet

die Bewegung
movement

die Bibliothek
library

die Biene
bee

die Birne
pear

das Blatt
leaf

blau
blue

der Bleistift
pencil

blöken
to bleat

das Blumenbeet
flower bed
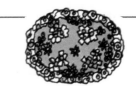

der Blumenkasten
window box

der Blumenkohl
cauliflower

der Blumentopf
flowerpot

die Blüte
blossom

die Bodenfliese
floor tile
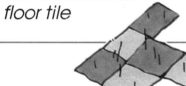
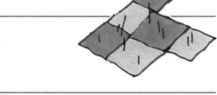

der Bogen
bow

die Bohrassel
woodlouse

das Boot
toy boat

die Bratpfanne
frying pan

braun
brown
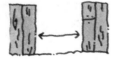

breit
wide

das Brettspiel
board game

**der Briefträger/
die Briefträgerin**
postman/postwoman

das Brot
bread

die Brücke
bridge

der Brustkorb
chest

das Bücherregal
bookcase

die Buhne
groyne

der Bulldozer
bulldozer

der Bulle
bull

die bunten Lichter
fairy lights
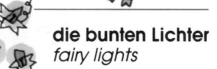

der Buntstift
crayon

die Burg
castle

der Bürgersteig
pavement

der Burggraben
moat

der Bus
bus

der Busch
bush

der Busfahrer
bus driver

die Bushaltestelle
bus stop

die Butter
butter
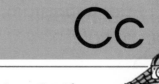

Cc

das Café
café

das Campinggas
camping gas

die Campingliege
camp bed

der Campingplatz
camp site

der CD-Spieler
compact disc player

die Chips
crisps

der Clown
clown

der Comic
comic

der Computer
computer

der Couchtisch
coffee table

der Cowboy
cowboy

das Cowboykostüm
cowboy outfit

Dd

das Dach
roof

die Dampfwalze
steam roller

der Daumen
thumb

die Decke
blanket

der Delphin
dolphin

dick
fat

das Dorf
village

der Dorfladen
village store

die Dose
tin

der Drachen
kite

der Drachen
dragon

die Drahtseilbahn
cable car

das Dreieck
triangle

das Dreirad
tricycle

dünn
thin

die Dusche
shower

die Duschhaube
shower cap

der Duschvorhang
shower curtain

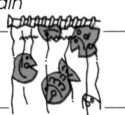

Ee

die Echse
lizard

das Ei
egg

die Eiche
oak tree

die Eichel
acorn

das Eichhörnchen
squirrel

der Eimer
bucket

der Eingang
entrance

das Einhorn
unicorn

die Einkaufstasche
shopping bag

der Einkaufswagen
trolley

die Einschienenbahn
monorail

das Eis
ice-cream

das Eis
ice

die Eisenbahn
railway

der Eisstand
ice-cream stall

der Elefant
elephant

der Elf/die Elfe
elf

der Ellbogen
elbow

eng
narrow

das Entchen
duckling

die Ente
duck

der Ententeich
duckpond

die Erbse
pea

die Erdnuß
peanut

der Esel
donkey

der Essig
vinegar

das Etagenbett
bunk beds

die Eule
owl

Ff

die Fahne
flag

die Fähre
ferry

die Fahrkarte
ticket

 das Fahrrad
bicycle

der Fallschirm
parachute

 **die Familie**
family

der Fangarm
tentacle

 **die Farbe**
paint

die Farbe
colour

der Fausthandschuh
mitten

die Feder
plume

 das Federbett
quilt

das Federmäppchen
pencil case

die Fee
fairy

das Feld
field

 **die Feldfrucht**
crop

das Fell
fur

 **der Felsblock**
boulder

der Felsen
cliff

 das Fenster
window

die Fensterbank
windowsill

 der Fensterputzer
window cleaner

das Ferkel
piglet

die Fernbedienung
remote control

 das Fernglas
binoculars

der Fernseher
television

 die Ferse
heel

das Feuer
fire

das Feuerwehrauto
fire engine

 der Finger
finger

der Fingernagel
fingernail

der Fisch
fish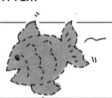

die Fischstäbchen (n)
fish fingers

der Flamingo
flamingo

die Flamme
flame

die Flasche
bottle

die Fledermaus
bat

die Fliege
fly

die Fliege
bow

fliegen
to fly

der Floh
flea

das Floß
raft

die Flosse
fin

der Flügel
wing

der Flughafen
airport

das Flugzeug
aeroplane

der Fluß
river

das Flußpferd
hippopotamus

das Flußufer
riverbank

das Fohlen
foal

die Form
shape

das Fort
fort

das Fossil
fossil

der Fotoapparat
camera

die Fotografie
photograph

der Freßnapf
food bowl

die Frisierkommode
dressing table

der Frosch
frog

der Froschlaich
frog spawn

der Frühling
spring

der Fuchs
fox

der Führer
driver

der Fuß
foot

der Fußball
football

die Fußsohle
sole

Gg

die Gabel
fork

gackern
gackern
to cluck

gallopieren
to gallop

die Gans
goose

das Gänschen
gosling

das Gänseblümchen
daisy

die Garage
garage

die Gardinenstange
curtain pole

die Garnele
shrimp

der Garten
garden

das Gartenfeuer
bonfire

die Gartenvögel (m)
garden birds

der Gefrierschrank
freezer

die Gegensätze (m)
opposites

gehen
to walk

der Geist
ghost

die Geisterbahn
ghost train

gelb
yellow

das Geld
money

der Geldautomat
cashpoint

das Gemälde
painting

das Gemüse
vegetable

der Gepäckträger
porter

---

der Gepard
cheetah

das Geräusch
sound

das Gerüst
scaffolding
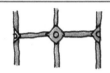

das Geschäft
shop

**das Geschaft auf
dem Campingplatz**
camp shop

das Geschenk
present

das Geschenkpapier
wrapping paper

die Geschichte
story

geschlossen
closed

das Gesicht
face

das Getränk
drink

das Glas
jar

grün
green

die Getreideflocken (f)
cereal

gleiten
to glide

grunzen
to grunt

das Geweih
antlers

glücklich
happy

der Gürtel
belt

das Gewürz
spice

der Go-Kart
go-kart

Hh

der Giftpilz
toadstool

der Graben
ditch

das Haar
hair

die Graffiti
graffiti

das Hackfleisch
mince

die Giraffe
giraffe

das Gras
grass
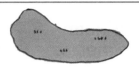

der Hahn
tap

grau
grey

der Hai
shark

die Girlande
paper chain
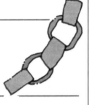

der Grill
barbecue

die Gitarre
guitar

groß
big

der Hals
neck

der Gitterstab
bar

groß
tall

der Hamburger
hamburger

der Hamster
hamster

das Hamsterhäuschen
hamster house

die Hand
hand

die Handfläche
palm

das Handgelenk
wrist

die Handpuppe
glove puppet

der Handschuh
glove

die Handtasche
handbag

der Handtuchhalter
towel rail

hart
hard

das Haus
house

das Häuschen
cottage

der Hausschuh
slipper

das Haustier
pet

die Hecke
hedge

der Heißluftballon
hot-air balloon

der Heizkörper
radiator

der Helm
helmet

das Hemd
shirt

die Henne
hen

der Herbst
autumn

der Herd
cooker

der Herd
stove

das Heu
hay

die Heuschrecke
grasshopper

die Hexe
witch

hinauf
up

die Hintertür
back door

hinunter
down

der Hirsch
deer

der Hirschkäfer
stag beetle

das Hochhaus
tower block

H

der Hocker
stool

der Hof
farmyard

die Höhle
cave
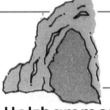

der Holzhammer
mallet

der Honig
honey

das Horn
horn

der Hosenträger
braces

das Hotdog
hot dog

das Hotel
hotel

der Hubschrauber
helicopter

die Hüfte
hip
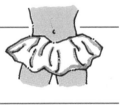

---

der Hügel
hill
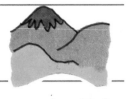

das Huhn
chicken

das Hühnerhaus
hen house

der Hummer
lobster

der Hund
dog

das Hundchen
puppy

das Hundefutter
dog food

hüpfen
to hop

der Hut
hat

der Hütehund
sheepdog

Ii

der Igel
hedgehog

---

die Imbißstube
snack bar

**der Indianer/
die Indianerin**
Amerindian

das Insekt
minibeast

die Insel
island

der Irrgarten
maze

Jj

die Jacht
yacht

die Jahreszeit
season

die Jeans
jeans

das Jo-Jo
yo-yo

das Junge
cub

der Junge
boy

der Junikäfer
ladybird

Kk

die Kabine
cabin

die Kachel
tile

der Käfer
beetle

der Kaffee
coffee

der Käfig
cage

das Kalb
calf

das Kamel
camel

der Kamin
fireplace

das Kaminsims
mantlepiece

der Kanal
canal

das Känguruh
kangaroo

das Kaninchen
rabbit

der Kaninchenstall
hutch

die Kanone
cannon

das Kanu
canoe

die Kapuze
hood

die Karte
map

die Karte
card

die Kartoffel
potato

das Karussell
roundabout

das Karussell
merry-go-round

der Käse
cheese

die Kasse
checkout

der Kassenzettel
receipt

das Kätzchen
kitten

die Katze
cat

die Katzentür
cat flap

die Kaulquappe
tadpole

die Keksdose
biscuit tin

die Kelle
trowel

die Kerze
candle

K

K

der Kerzenhalter
candlestick

der Kessel
cauldron

die Kette
chain

der Kiefer
jaw

der Kieselstein
pebble

das Kind
child

der Kinderwagen
pram

das Kinn
chin

der Kipper
dumper truck

der Kipplaster
tipper truck

das Kissen
pillow

die Klaue
claw

der Klebstoff
paste

der Klebstoffpinsel
paste brush

das Kleid
dress

die Kleider
clothes

der Kleiderbügel
hanger

der Kleiderhaken
peg

der Kleiderschrank
wardrobe

klein
short

klein
little

das Klettergerüst
climbing frame

klettern
to climb

das Knallbonbon
cracker

das Knie
knee

der Knoblauch
garlic

der Knöchel
ankle

der Knochen
bone

der Knopf
button

das Knopfloch
buttonhole

die Knospe
bud

der Kobold
goblin

der Kochtopf
saucepan

der Köder
bait

der Kokon
cocoon

die Kokosnuß
coconut

kollern
to gobble

kollern

die Kommode
chest of drawers
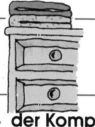

der Kompressor
compressor

der König
king

die Königin
queen

der Kopf
head

der Kopfschmuck
headdress

die Koralle
coral

der Korb
basket

der Körper
body

krabbeln
to scuttle

der Kragen
collar

der Kran
crane
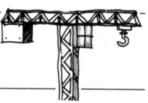

das Krankenhaus
hospital

**der Krankenpfleger/
die Krankenschwester**
nurse

der Krankenwagen
ambulance

die Kreide
chalk

der Kreis
circle

der Krokus
crocus

die Krone
crown

die Kröte
toad

der Krug
jug

der Krümel
crumb

die Küche
kitchen

der Kuchen
cake

die Kugel
sphere

die Kuh
cow

der Kühlschrank
fridge

der Kuhstall
cowshed

das Küken
chick

kurz
short

Ll

lachen
to laugh — lachen

der Lader
loader

das Lagerfeuer
campfire

das Lama
llama

das Lamm
lamb

die Lampe
lamp

der Lampenschirm
lampshade

das Land
country

lang
long

das Lasso
lasso

der Lastkraftwagen
truck

der Laternenpfahl
lamp-post

die Latzhose
dungarees

laufen
to run

der Läufer
rug

der Lautsprecher
loudspeaker

die Lebensmittel
groceries

das Lego
Lego

der Lehrer/die Lehrerin
teacher

die Leine
lead

die Leiter
ladder

die Lenkstange
handlebars

der Leopard
leopard

die Lernkarte
flashcard

der Leser/die Leserin
reader

der Leuchtturm
lighthouse

die Leute
people

die Libelle
dragonfly

das Licht
light

der Lichtschalter
light switch

der Lieferwagen
van

der Liegestuhl
deckchair

lila
purple

die Liliputbahn
miniature railway

das Lineal
ruler

die Lippe
lip

der Löffel
spoon

der Löwe
lion

die Löwin
lioness

der Löwenzahn
dandelion

der Luftballon
balloon

das Luftkissenfahrzeug
hovercraft

---

die Luftmatratze
airbed

die Luftschlange
streamer

Mm

das Mädchen
girl

das Make-up
make-up

das Malbuch
colouring book

die Manschette
cuff

der Mantel
coat

die Margarine
margarine

die Marionette
puppet

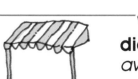
die Markise
awning

---

die Marmelade
jam

der Maschendraht
wire netting

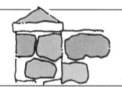

der Mast
mast

die Matte
mat

die Mauer
wall

der Maurer
bricklayer

die Maus
mouse

das Medikament
medicine

das Meer
sea

das Meerschweinchen
guinea pig

das Messer
knife

miauen
to mew

miauen

das Modell aus Pappkarton
cardboard model

der Mond
moon

das Monster
monster

das Motorboot
motor boat

das Motorrad
motorbike

die Motte
moth

die Möwe
seagull

muhen
to moo

muhen

der Müllcontainer
skip

---

der Mund
mouth

die Murmel
marble

die Muschel
shell

Nn

der Nabel
navel

der Nadelbaum
evergreen tree

die Nagelbürste
nailbrush

die Nahrungsmittel
food

der Narr
jester

die Nase
nose

das Nasenloch
nostril

---

das Nashorn
rhinoceros

der Naturkundetisch
nature table

der Nebel
mist

das Nest
nest

das Netz
net

neu
new

niesen
to sneeze

niesen

der Nistkasten
nesting box

das Nummernschild
numberplate

Oo

der Oberschenkel
thigh

das Obst
fruit

der Obstgarten
orchard

offen
open

das Ohr
ear

die Ohrenschützer
ear muffs

der Ohrwurm
earwig

das Öl
oil

die Orange
orange

---

orange
orange

die Osterglocke
daffodil

der Otter
otter

der Overall
overalls

Pp

die Packung
packet

das Paket
parcel

der Papagei
parrot

das Papier
paper

die Papierblume
paper flower

der Papierhut
paper hat

der Papierkorb
wastepaper bin

---

die Papierpfeife
party squeaker

die Papierserviette
paper napkin

das Papiertaschentuch
tissue

der Pappbecher
paper cup

der Pappteller
paper plate

die Parade
parade

der Park
park

der Parkplatz
car park

der Parkwächter
park keeper

die Party
party

das Partykleid
party dress

P

der Patient
patient

das Pedal
pedal

der Pelikan
pelican

der Pfeffer
pepper

pfeifen *pfeifen*
to whistle

der Pfeil
arrow

das Pferd
horse

die Pflanze
plant

die Pflaume
plum

die Pfote
paw

das Picknick
picnic

der Picknickkorb
picnic basket

der Picknickplatz
picnic area

piepsen
to squeak *piepsen*

der Pier
pier

der Pilz
mushroom

die Pinnwand
pinboard

der Pinsel
paintbrush

der Pirat
pirate

das Planschbecken
paddling pool

die Plastiktüte
plastic bag

das Plastilin
Plasticine

der Plattenspieler
record player

der Polizist
police officer

die Pommes frites
chips

das Pony
pony

das Popcorn
popcorn

das Portemonnaie
purse

das Poster
poster

der Preis
price

der Preßlufthammer
pneumatic drill

der Prinz
prince

die Prinzessin
princess

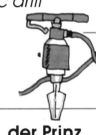

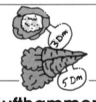

das Publikum
audience

der Pullover
jumper

die Puppe
doll

das Puppenhaus
doll's house

die Puppenkleider (n)
doll's clothes

das Puppenspiel
puppet show

das Puzzle
jigsaw puzzle

Qq

das Quadrat
square

die Qualle
jellyfish

---

quieken
to squeal

quieken

Rr

die Rabatte
border

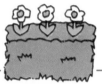

das Rad
wheel

der Radiergummi
rubber

das Radio
radio

die Rakete
rocket

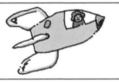

der Rasen
lawn

der Rasenmäher
lawnmower

die Rassel
rattle

das Rathaus
town hall

die Ratte
rat

---

der Rauch
smoke

das Raumfahrzeug
spacecraft

die Raupe
caterpillar

der Rechen
rake

das Rechteck
rectangle

das Regal
shelf

der Regenbogen
rainbow

der Regenschauer
rain shower

der Regenschirm
umbrella

der Reifen
tyre

der Reis
rice

das Reisen
travelling

der Reißverschluß
zip

die Reißzwecke
drawing pin

der Riese
giant

das Riesenrad
big wheel
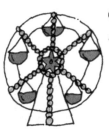

der Ritter
knight

der Rochen
ray

der Rock
skirt

die Röhre
tube

das Rollo
blind
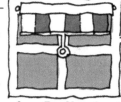

der Rollschuh
roller skate

der Rollstuhl
wheelchair

die Röntgenaufnahme
x-ray

rosa
pink

die Rose
rose

rot
red

der Rotor
rotor

der Rücken
back

der Rucksack
rucksack

das Ruder
oar

das Ruderboot
rowing boat

der Rüssel
trunk

die Rüstung
armour

die Rutschbahn
slide

die Rutschbahn
helter-skelter

Ss

der Safaripark
safari park

der Saft
juice

das Sägemehl
sawdust

die Salatgurke
cucumber

das Salz
salt

der Sand
sand

die Sandale
sandal

die Sandburg
sandcastle

der Sandkasten
sandpit

der Sattel
saddle

der Sattelschlepper
articulated lorry

der Saugnapf
sucker

der Saum
hem

die Schachtel
box

das Schaf
sheep

der Schaffner
guard

der Schal
scarf

der Schatz
treasure

das Schaubild
chart

die Schaukel
swing

schaukeln
to swing

der Schaukelstuhl
rocking chair

die Schere
scissors

die Scheune
barn

der Schießstand
rifle range

das Schild
notice

Vorsicht!

das Schild
sign

der Schild
shield

die Schildkröte
tortoise

die Schildkröte
turtle

das Schilfrohr
reed

der Schlafanzug
pyjamas

der Schlafsack
sleeping bag
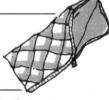

das Schlafzimmer
bedroom

der Schlamm
mud

die Schlange
queue

die Schlange
snake

sich schlängeln
to slither

der Schlauch
hose

der Schlitten
sledge

die Schlittenbahn
toboggan run

der Schlüpfer
knickers

die Schlüsselblume
primrose

der Schmetterling
butterfly

119

der Schnabel
beak

 die Schnalle
buckle

schnattern
to quack

 **die Schnecke**
snail

die Schnecke
slug

der Schnee
snow

der Schneeball
snowball

 die Schneeflocke
snowflake

der Schneemann
snowman

 der Schnorchel
snorkel

der Schnurrbart
moustache

der Schnürsenkel
lace

---

die Schokolade
chocolate

 **der Schornstein**
chimney

der Schrank
cupboard

 **schreien**
to shout

schreien
to bray

die Schubkarre
wheelbarrow

die Schublade
drawer

 der Schuh
shoe

die Schule
school

der Schulranzen
satchel

die Schulter
shoulder

---

der Schuppen
shed

 die Schüssel
bowl

das Schutzgitter
fireguard

 der Schutzhelm
safety hat

der Schwamm
sponge

 der Schwanz
tail

der Schwarm
shoal

schwarz
black

schweben
to hover

das Schwein
pig

der Schweinestall
pigsty

das Schwert
sword

der Schwertfisch
swordfish

die Schwesterntracht
nurse's outfit

das Schwimmärmchen
armband

schwimmen
to swim

die Schwimmflosse
flipper

die Schwimmweste
lifejacket

der See
lake

die Seeanemone
sea anemone

der Seehund
seal

das Seepferdchen
seahorse

die Seerose
waterlily

der Seestern
starfish

das Segel
sail

das Segelboot
sailing boat

das Segelflugzeug
glider

die Seife
soap

das Seifenpulver
soap powder

die Seifenschale
soap dish

der Sessel
armchair

das Shampoo
shampoo

singen
to sing

der Sirup
squash

das Skateboard
skateboard

die Socke
sock

das Sofa
settee

der Sommer
summer

die Sonnenbrille
sunglasses

der Sonnenschein
sunshine

das Sonnenschutzmittel
suntan lotion

die Spaghetti
spaghetti

der Spaten
spade

der Spazierstock
walking stick

der Spiegel
mirror

spielen
to play

der Spielmarke
counter

der Spielplatz
playground

das Spielwarengeschäft
toy shop

die Spielzeugeisenbahn
train set

die Spielzeugkiste
toy box

die Spinne
spider

das Spinnennetz
spider's web

---

der Sportschuh
trainer

der Sportwagen
pushchair

der Springbrunnen
fountain

springen
to leap

springen
to jump

das Springseil
skipping rope

das Spukhaus
haunted house

das Spülbecken
sink

die Stadt
town

der Stall
stable

die Stange
stand

die Stechmücke
mosquito

---

der Steingarten
rock garden

der Stern
star

das Stethoskop
stethoscope

das Steuerrad
steering wheel

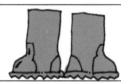

der Stiefel
boot

der Stöpsel
plug

der Stoßzahn
tusk

der Strand
beach

der Straßenübergang
crossing

der Strauß
ostrich

das Streichholz
match

der Streifen
stripe

die Streu
bedding

der Strick
cord

die Strickjacke
cardigan

der Strohhalm
straw

die Strumpfhose
tights

die Stufe
step

der Stuhl
chair

summen
to buzz (summen)

summen
to hum (summen)

der Supermarkt
supermarket

die Suppe
soup

das Surfbrett
windsurfer

das Surfbrett
surfboard

das Sweatshirt
sweatshirt

Tt

die Tafel
blackboard

die Taille
waist

die Tankstelle
petrol station

die Tasche
pocket

die Taschenlampe
torch

das Taschentuch
handkerchief

die Tasse
cup

die Taube
pigeon

tauchen
to dive

der Taucher
diver

der Taucheranzug
wet suit

die Taucherbrille
goggles

die Taucherbrille
face mask

das Tauchgerät
aqualung

der Tausendfüßler
centipede

das Taxi
taxi

der Teich
pond

das Telefon
telephone

T

der Telegraphenmast
telegraph pole

der Tisch
table
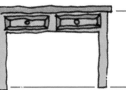

die Tragbahre
stretcher

der Teller
plate

die Tischdecke
tablecloth

das Trägerkleid
pinafore dress

der Tennisball
tennis ball

der Toaster
toaster

der Traktor
tractor

der Tennisplatz
tennis court

die Toilette
toilet

traurig
sad

das Toilettenpapier
toilet paper

das Tretauto
pedal car

der Teppich
carpet

der Toilettensitz
toilet seat

das Trikot
leotard

die Terrasse
terrace
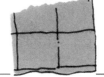

die Tomate
tomato
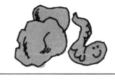

der Trog
trough

die Thermosflasche
flask

der Ton
clay

die Trommel
drum

der Tieflader
low loader

das Tonbandgerät
tape recorder

das T-Shirt
t-shirt

der Topf
pot

der Tunnel
tunnel

der Tiger
tiger

das Tor
gate

die Tür
door

der Tintenfisch
octopus

traben
to trot

der Türknauf
door knob

124

der Turnschuh
plimsoll

die Tüte
paper bag

das Überzelt
flysheet

die Uhr
clock

die Uhr
watch

der Umhang
cloak

das Ungeheuer
ogre

das Unkraut
weed

der untere Teil
bottom

das Unterhemd
vest

die Unterhose
pants

die Vase
vase

der Ventilator
fan

die Venusmuschel
clam

der Verband
bandage

der Vergnügungspark
amusement park
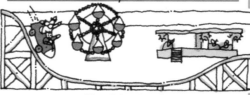

die Verkehrsampel
traffic lights

der Verkehrspolizist
traffic warden

der verzauberte Wald
enchanted wood

der Videogerät
video

der Vogel
bird

das Vogelhäuschen
bird table

die Vogelscheuche
scarecrow
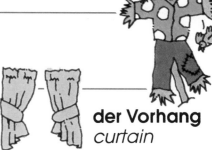

der Vorhang
curtain

das Vorhängeschloß
padlock

Vorsicht!
beware!

die Waage
scales

die Wade
calf

der Waggon
carriage

der Wal
whale

der Wald
wood

das Wallaby
wallaby

das Walroß
walrus

das Wartehäuschen
shelter

das Waschbecken
washbasin

die Wäsche
washing

der Wäschekorb
laundry basket

die Wäscheleine
washing line

der Waschlappen
flannel

die Waschmaschine
washing machine

der Wasserball
beach ball

der Wasserbehälter
water bottle

der Wasserfall
waterfall

der Wasserkanister
water carrier

der Wassermolch
newt

der Wasservogel
water bird

waten
to wade

watscheln
to waddle

die Watte
cotton wool

der Weg
lane

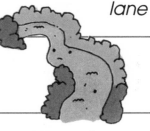

der Wegweiser
signpost

weich
soft

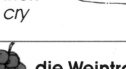

weinen
to cry

weinen

die Weintraube
grape

weiß
white

die Welle
wave

der Wellensittich
budgerigar

die Welt
world

die Wespe
wasp